開運名片學教科書

何榮柱◎著

最完整的解析與
圖解範例，
量身打造開運名片！

● 自我介紹時，立即加深對方的良好印象，展現出
個人最佳的魅力和提升公司的企業形象。

● 交換名片的當下，你就能掌握對方的事業好不
好？財運怎麼樣？目前有沒有走運？員工、部屬
相處得如何？進而知己知彼，百戰百勝！

前　言

　　名片可不是現今才有的新奇產物，其歷史可追溯到中國戰國時代，當時的官場拜會場合會互相遞送用竹片或木片製造而成的「名刺」給對方，上頭寫著自己的姓名和官階，這就是歷史上最早的名片。而在日文的漢字中，「名片」依然沿用著「名刺（めいし）」這個名稱。

　　名片看來不過只是小小一張弱不禁風的紙片，卻是占有舉足輕重的地位，在商場上可代表一間公司的形象，在職場上可代表個人的位階，就算僅只個人使用，也可以是讓對方多瞭解你的良機。

　　請試想一下，當有人來拜訪你時，彼此初見面尚不熟悉，對方拿出了一張讓你看得頭暈目眩的名片，恐怕當下你也不會想要再繼續談話了吧。再則，普遍來說，在印製名片時都會講究美觀，會在樣式上花樣百出，想給拿到名片的人留下深刻的印象，但是往往

忽略了一件最重要的事——名片是有生命力的！

　　既然有生命力，那便是會依循五行來運轉。名片在方寸間涵蓋著：利潤、協力廠商、理財、財庫、新員工、舊員工、業務、名聲等宮格，且依照著天干、地支的流年不斷運轉。公司名稱該擺在哪，個人名字又該擺於何處，絲毫馬虎不得，若是擺錯了位置，以致名片的生命力無法得到良好發揮，那麼就算看起來再華麗，充其量也形同一張廢紙，甚至，還會讓使用者猶如龍困淺灘，永遠脫離不了困境。

　　那麼，要如何瞭解與製作出一張出色又能開運的名片？其實一點也不艱難。本書中，個人以數十年精研易經五行學的實例經驗，融合繁瑣的理論，精淬成淺而易懂的圖文，就算完全沒有易經五行基礎的朋友，只要照著書中的解析，依序漸進地學習，人人都能成為好運名片大師。

何榮柱　2018/4/5

目 錄

目錄

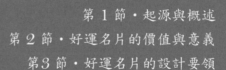

第 1 章

何謂名片學？

起源與概述

　　名片的歷史可追溯到中國戰國時代，當時的官場拜會場合會互相遞送用竹片或木片製作而成的「名刺」給對方，上頭寫著自己的姓名和官階，這就是歷史上最早的名片。時至今日，在日文的漢字中，名片依然沿用著「名刺（めいし）」這個名稱。

　　歷代以來，用來推斷命運吉凶形式者多如繁星，如：易經、命理、陰陽宅學、姓名學，甚或數字、占卜……等，皆可用來卜疑解惑。

　　由於古代唯有官場才使用名片、名帖，並不如現今這般普及，因此，「帖相學」從未被納入星相之列。

　　自唐、宋以來，文人們常以測字來論斷吉凶，於是陰陽五行學說漸漸風行，且經由易經逐步發展成了紫微斗數、淵海子平法等理論。因此，名片也衍生

出獨樹一派的名片學，名片學之吉凶演變則為：從名譽、信用、財產、資金等細節推論合夥吉凶、員工盡責度等等。

名片學是以陰陽宅學作為基礎，公司名、人名的配置為首要重點，再以顏色、五行空亡之喜用等依據，而發展出的一門現代玄學。

帖相學（名片學）屬於中五術——「山、醫、命、相、卜」之中的一項，亦即根據使用者的名片材質、字型陰陽、文字排列、文字字型，以及色調搭配（字型與底色）與選擇、商標圖形、名片尺寸等要素，再加上配合姓名五格、八卦與八字喜用神、陰陽五行調和等命理研判吉凶之學術。

若持有者的名片符合名片學理論的基礎要件，包含平衡五行色調配置、吉祥名片材質，以及正確的格局調整，則此名片便是吉祥名片也。

好運名片的重要性

無論是一般任何形式的名片或是好運名片，都必須經過使用之後才能論斷吉凶。若只是持有名片而不

加以使用，則無法加以論斷吉凶。這就好比花了一大筆錢買了一輛超跑回來，卻終日擺在車庫內而不行駛上路，如此一來又怎會知道這輛名貴跑車的性能？因此，唯有使用才能流通氣息，也才能展現出成效與結果。

　　本書要點所說的是個人與公司的名片，若是日常中拿來當作廣告使用的廣告名片，則無須有吉凶論斷之考量。

　　一張真正能發揮好運的名片，主要功能是在自我介紹時，能夠加深對方的良好印象，在互相交換名片的當下，能夠瞬間提升名片持有者體內的正向能量，增加理智與吉祥面的判斷力，如此一來，便能降低無謂的損失和被拖累，又能夠達成業務銷售的成功率，以及展現出個人最佳的魅力和提升公司的企業形象，這才是好運名片該發揮的成效。

好運名片的用途與原則

　　普遍且常見的名片形式有直式與橫式兩種，直式稱為「榮譽式」，橫式稱為「利益式」。

　　當遞交名片給對方時，主要的目的是要告知對方——自己的姓名、服務單位與職稱，以及方便聯繫到自己的方式等。

　　但是，很多人在收到名片後，往往都是隨手往口袋、公事包內塞去，時間久了之後，原本希望被用來當作人脈交流的名片，卻成了一張被遺忘的小紙片，甚至讓收到的人也想不起當初是何故收下這名片的。

　　造成上述情況的原因有很多，常見的大多是名片上的內容不詳細，或者是設計得有如商品標籤般花俏，以致讓人無法有想要保存的念頭。

　　一張能讓人想保存下來的好運名片，在設計時有以下幾點需要特別注意：

A. 姓名、公司名、電話號碼，以及地址、電子信箱等，一定要清晰、可辨認，字體大小、清晰度一定要讓人第一眼就可以看得清楚。

B. 設計一種可以隨身放置自己的名片，以及方便收藏、保存別人遞來的名片的方式。再將收集來的名片用電腦加以分類，或是根據日期、活動、產業將名片分類保存，如此一來，一旦要聯繫對方時，便能快速找到對方的名片。

C. 為了容易記住誰是誰，可以在對方名片的空白處，寫下一兩句註記。如：對方的長相，或是遇到的時間、地點、事由等。

D. 外出時一定要攜帶足夠使用量的名片，以免在遞交給了甲、乙後，發生沒有名片可以再給丙、丁的尷尬窘境。

E. 當遇到拜訪對象時，應該要先主動遞交名片給對方，再趁此時向對方索取名片。

F. 遞交名片給對方時，絕對要畢恭畢敬地雙手奉上，最忌諱的是邊做事同時單手進行名片交換動作，更不可如同發送折價券一樣地四處見人就散發名片。

好運名片的價值與意義

A. 能啟發使用者的潛能，增加自信心與正面動能。

B. 能行銷個人或公司，建立他人對公司或個人的良好印象。

C. 導正個人運勢，達到趨吉避凶的功能。

D. 藉由本名與偏名之吉祥位置，減緩姓名不吉所產生的不良衝擊。

E. 修正原本未設計名片所出現的缺失。

F. 啟動事業運最佳能量，增加成功機會。

G. 瞭解名片的正確適用方法，以利促進商機。

H. 降低行銷上的障礙，使之行運順利。

15

好運名片的設計要領

在這凡事講求形象與效益的年代，人與人之間的商業接觸越來越頻繁，在此趨勢下，單靠口頭介紹已難以滿足此一年代的需求。

名片除了可以用於自我介紹與推銷，還有聯絡與備忘的功能性，儼然已成為了現代人的另一種身分證。因此，務必要明瞭名片的製作和正確使用禮儀，才能夠創造出好的商機。

「好運名片」顧名思義就是——結合了中國正統哲理和西方文化所設計、編排的名片。狹義而言，名片為印有使用者姓名的卡片；廣義而言，名片的基本架構有二：

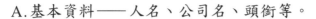

A. 基本資料──人名、公司名、頭銜等。

B. 相關資料──地址、電話、營業項目、CIS（企業識別）等。

　　將基本構成元素利用易理的條件，作視覺變化與格式的安排，即可達到廣告的效果，締造業務的能量。

第 2 章

八卦與色彩運用法

靈動力的原理和感應

易經曰：「吉凶悔吝者，生乎『動』者也。」例如，人名呼叫就是「聲音」之動也。開運印鑑是「蓋章」之動也，占卜是「爻」之動也，名片互換則是「遞發」之動也。

好之動為吉，壞之動為凶，必定有所感應。因此，好的名片發出越多越好，壞的名片反而是發出越多越糟。

此外，名片的好壞，僅只是與事業發展攸關，至於其他如：婚姻、疾厄、父母、夫妻、子女、田宅……等皆無關聯。

也就是說：

好名片＝好運勢＝好事業。

好運名片的原理和好運力量狀況

A. 善用八卦助運設計（30%）＋好運力（50%）＋使用者自信心（20%）＝好運力量（100%）

B. 好運力是一大特色，放置身上則感應力強、貴人明現、逢凶化吉，而且其助運效果非常強大。

C. 好運力量大小與使用者的八字運勢強弱是成正比的，並不是每個人使用好運名片就都能飛黃騰達，因為還需要配合個人八字運勢之起伏，修補弱勢的不足。

D. 運勢強＋好運名片＝順利發展。

（錦上添花、如虎添翼）

運勢弱＋好運名片＝漸漸發展。

（雪中送炭、如魚得水）

　　因此，無論運勢強弱，使用了好運名片之後，一定都會有所幫助，若能再多多行善布施，好運力必定會更強大。

使用好運名片效力減弱因素

A. 個人八字運勢正處於走下坡時。

B. 使用好運名片時，本人毫無自信者。

C. 沈迷酒、色、財、氣不自愛者。

D. 從事非法事業者。

E. 好運名片被他人惡意觸碰、破壞者。

F. 使用好運名片者有八成感應很好，其事業上也大有進展，不過也有兩成感應平平，或是完全無感應、反而更走下坡，這都是起因於八字運勢極弱。

　　此時，則必須使用一段時間，才會慢慢轉好。有一點必須注意，大環境、市場趨勢與經營者的心態，也都會是受到影響的因素。

好運名片的流年運

　　名片的流年運也會直接牽動及影響使用者的運勢波動，因此，使用者的好運名片，必須於適當的時機再重新設計。

　　例如，使用者處於弱勢流年時，若持續用著沒有助力的名片，等於是栽植了完全不給施肥的盆栽，最後只會導致花謝木枯的結果，此刻若將名片搭配八卦排列再重新設計，便能趨吉避凶，轉為好運。

　　所以，通常一張好的名片，大概四到五年就要重新排版、設計、印刷過，並且重新開光加持，這樣才能持續不斷地延續好的運勢！

　　我經常看過有些人一張名片用了幾十年還在用，這樣的作法其實是不對的。

五行生剋

1、2：屬木，代表成長、上進、發展、通達。五常屬
　　　仁，天干屬甲乙，五方屬東，五臟屬肝，五慾
　　　屬怒，五色屬青，五官屬目，五音屬角。

3、4：屬火，代表發揮、放射、炎熱、向上。五常屬
　　　禮，天干屬丙丁，五方屬南，五臟屬心，五慾
　　　屬恨，五色屬赤，五官屬舌，五音屬徵。

5、6：屬土，代表內聚、厚重、長養、化育。五常屬
　　　信，天干屬戊己，五方屬中，五臟屬脾，五慾
　　　屬怨，五色屬黃，五官屬口，五音屬宮。

7、8：屬金，代表銳利、急進、清靜、收殺。五常屬
　　　義，天干屬庚辛，五方屬西，五臟屬肺，五慾

屬惱，五色屬白，五官屬鼻，五音屬商。

9、10：屬水，代表自由、擴散、寒冷、向下。五常屬
智，天干屬壬癸，五方屬北，五臟屬腎，五慾
屬煩，五色屬黑，五官屬耳，五音屬羽。

五行相生圖

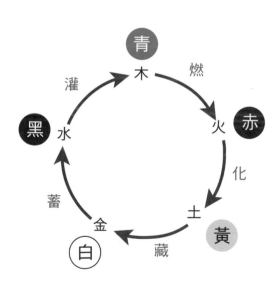

五行相剋圖

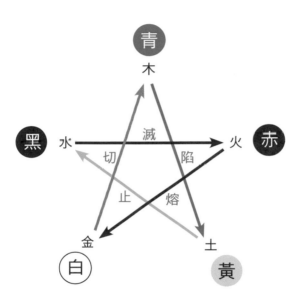

- 木陷土
- 土止水
- 水滅火
- 火熔金
- 金切木

五行五色

金：白、灰白、燙銀色。

木：青綠、淺藍、寶藍。

水：黑、灰黑、深藍。

火：赤、紅、橘紅、粉紅、淺紅、暗紅、紫、棕。

土：黃、淺黃、土黃、深黃、燙黃金色。

> · **紫色**：屬於不穩定色系。
> · **棕色**：色系不亮麗。
> 以上兩者皆不建議使用。

五行行業別

木業：木材、合板、木竹籐器、家具、木成品、裝潢、紙業、種植、園藝、盆栽、花、草、茶葉、果菜、香料、中草藥、藥物、藥房、藥劑師、醫療、文化事業、文具、書店、出版社、作家、校長、教師、人才培育、公教、司法、治安警界、政治、宗教品、佛具店、宗教家、金紙香燭店、糧食、素食品、布業、木材或植物相關行業。

火業：電器、電機、燈飾、照相、錄影、影視業、音樂、戲劇、歌舞、演說家、藝術家、評論家、心理學家、美髮、美容、化妝品、服飾、百貨、食品、油、酒、瓦斯、油漆、燃料、軍界、煙火業、熱食、自助餐、塑膠、泡棉、手

工藝、雕刻、印刷,以及與火、能量、光熱、火爆、易燃物相關之行業。

土業：建築、工程承包、營建、土地測量、鑑定師、水泥、大理石、石板、礦產開採、陶瓷、石器、石碑、古董、房地產仲介、介紹業、土地規畫、代書、祕書管理、代理、護理、企管顧問、當鋪、畜牧獸類、飼料、設計、會計師、地理師、禮儀師、殯儀館、築墓、基地管理、防水業、律師、法官、書記官,以及與土、中間性質相關行業。

金業：鋼鐵、金屬工具材料、五金、機械、模具、鑄造、研磨、金屬加工、刀具、金屬礦產、珠寶、寶石、銀樓、汽機車、自行車、運輸、金融、證券、信託、保險、期貨、電子、電腦、科技、武術、電料、民意代表,以及與金相關行業。

水業：航海、船運公司、船員、航空、旅行社、旅

遊業、大眾傳播、郵差、記者、偵探、翻譯、
遊樂場、演藝事業、公關、外交、業務、清潔
業、攤販、搬家業、自由業、運動家、導遊、
玩具業、魔術師、馬戲團、消防業、釣具業、
音響業、海鮮、漁業、水產界、冷凍、冷藏、
冷飲、浴池、泳池、冷凍食品，以及與水、流
動性質、水液體、不固定、不安定、多變化等
相關之行業。

· 混合業

例：保險（金）→內勤（金帶木）：管理及行政人員

　　　　　　　→外勤（金帶水）：保險業務員

A. 純五行行業之屬性不混雜，才可固定用底色。
B. 查表查不出來的五行行業之屬性，底色一律採用白
色。
C. 名片底色如為白色，則適用於任何行業且無忌諱。

色彩運用

A. 底色要以行業別來論用，白色底則不論行業別皆可使用。

B. 色彩搭配攸關著生意的好壞，以及經營績效、工作效率、規模大小，與整張名片之五行生剋都有著緊密關係。

C. 人名色→生公司色→生商標色→昌盛順利。

  商標色→生公司色→生人名色→雖是相生卻洩，故會慢慢不順。

D. 人名色剋公司色：易有對公司不滿、傷害公司聲譽，或要求調薪、增加福利……等。

  公司色剋商標色：聲譽無法提升，形象會遭受到些許影響。

E. 公司色剋人名色：壓力、無向心力、離開。

　商標色剋公司色：經營艱辛。

F. 全部採用同一色系：成功得非常緩慢。

G. 名片用字以2至3色為最佳，較易成功。字若多色則犯煞，較易不順。

　色相生：必昌，色相剋：必衰。

H. 字五行色俱全：忙碌、不專。

避尖煞設計法

　　公司名與公司商標在名片上的擺放位置，於設計時應採「避尖煞設計法」。

　　以下為12種化解的設計方式：

角度圖

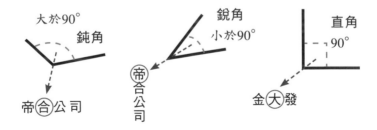

1. 以 Ⓡ 圖形擋住

2. 以「註冊商標」字樣擋住

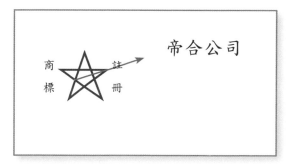

3.　以圈圈圍住

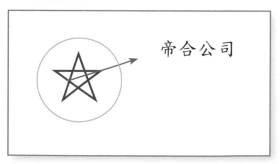

4. 在商標尖角和公司名中心點加「裝飾點」

5. 閃避尖角擺放公司名

6. 公司名做色底反白字

7. 以中文、英文、數字等擋住

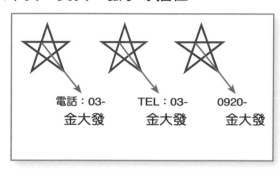

8. 以圖案擋住

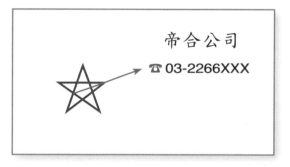

9. 以括號加字擋住

10. 不做商標

11. 將商標尖角修圓

12. 以口號擋住

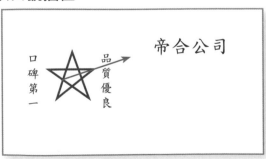

論色、不論方位
（商標、人名、公司名）

```
                                        ▢ 商標
                                        ★ 公司
                                        ⬡ 人名
```

*洩、慢慢不順   *大吉　最佳設計

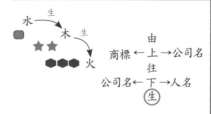

水 ─生→
　　　　木 ─生→
▢　★★　　　　火
　　⬡⬡⬡

　　　由
商標←上→公司名
　　　往
公司名←下→人名
　　　⑤

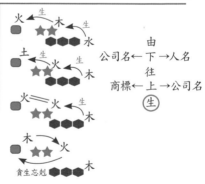

由
公司名←下→人名
　　　往
商標←上→公司名
　　　⑤

＊經營艱辛　壓力

＊使用者名譽受損
　不滿意意見多

■ 商標
★ 公司
⬢ 人名

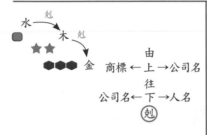

由
商標←上→公司名
　　往
公司名←下→人名
㉚

由
公司名←下→人名
　　往
商標←上→公司名
㉚

第3章
十二運

運義

　　名片代表著一個人之延伸，人有著運的起伏，那麼，名片當然也是如此。以下就先來解說關於名片的十二運，每一個都有其非常重要的意義，尤其是經商人士，更要特別留意自己的名片編排，是否都在財位、大吉位置。

　　運義是包含了人生過程和發展的重要性指標，其代名詞如下：

長生：比喻如人的初生。如同初生的嬰兒，或是剛萌
　　　　芽、開始成長的幼苗，呈現一片欣欣向榮的景
　　　　象。

沐浴：比喻人出生之後，沐浴去垢。好比嬰兒出生

後，要幫他沐浴，洗去身上的髒垢。但因沐浴之地為衰敗之地，沐浴亦稱桃花，多招來酒色與是非。

冠帶：比喻人逐漸長大成人而戴冠。執行冠帶雖看似平常，但方向卻是往好的方向發展。

臨官：比喻人已長大，自立或當官。人成年後謀職、就業，能興旺、發達，有功名利祿。

帝旺：比喻人壯盛至極點。在最強的繁盛、興旺之時。精力充沛、事業興旺、家庭美滿。

衰：比喻人旺極必衰。處在衰老氣敗之地，意志消沈不得發展。

病：比喻人生病無元氣。出現了陰陽失調、運氣不佳。

死：比喻人病後，最終至死。死亡是萬物毀滅之終

點，有刑傷、官非、離財、散之兆。

墓：比喻人死後，被埋入墳墓。萬物成功而載入庫，多有錢財積蓄。

絕：比喻人一切生機都絕盡。如同人氣絕而無生機，兆示災難，或骨肉離散。

胎：比喻人重新受氣，重新投胎，萬物萌芽。雖較柔弱但具有生命力，是太平安康。

養：比喻人胎養於母親腹中，萬物在自然中形成之象。是已脫胎換骨出生，降臨人間。

舉例說明：名片卦運走死、絕時，公司裡的員工會想離職求去，對於老闆則會有危機產生，如：擴廠、轉投資、整頓內部，或是改組、負債等。

含義與財運

　　名片上的卦位皆有其含意，在十二運中除了上一節所談及的之外，更可詳細地解析在工作、個性、心態以及能力上的呈現。

　　以下是十二運的含意與財運的詳細解說：

長生：平穩順利。個性：穩重。流年運：○大吉。

沐浴：起伏拓展。個性：人緣佳、為人豪爽。流年運：×財來財去。

冠帶：勤苦上進。個性：勤勞。流年運：○大吉。

臨官：昌隆。個性：積極。流年運：○大吉。

帝旺：旺盛發達。個性：氣勢銳不可擋。流年運：○
大吉。

衰：平和漸弱。個性：斯文忠厚、有修養。流年運：
△前半年吉，後半年平。

病：多變困境。個性：反應快、無主張、多疑心。流
年運：╳災難之始。

死：堅定無力。個性：散漫、無鬥志。流年運：╳危
機之象。

墓：多思保守。個性：謹慎、細心、木訥；沒魄力、
反應慢、多心機。流年運：△小財。

絕：固執無氣。個性：難相處、非常固執、不聽他人
意見。流年運：╳危機之象。

胎：計畫、孕育、希望。個性：沈穩、思緒縝密、充
滿智慧。流年運：△計畫、整合。

養：消極、重享受、伺機。個性：較懶惰、常有職
業倦怠；注重生活品質、要求高。流年運：△待
機。

十二運曲線圖

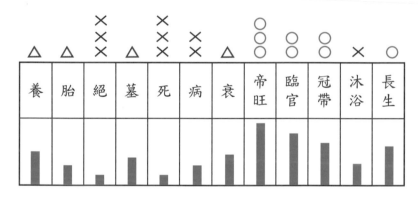

★由此可知，目前以木起長生的運勢會比較旺（2022年走臨官）。

第4節

十二運推算表

　　推算時要以四生位起長生順排,並注意「火」與「土」是共長生。

西元民國	2031 120	2034 123	2033 122	2032 121	2035 124	2036 125	2037 126	2038 127	2039 128	2040 129	2041 130	2042 131
西元民國	2019 108	2020 109	2021 110	2022 111	2023 112	2024 113	2025 114	2026 115	2027 116	2028 117	2029 118	2030 119
西元民國	2007 96	2008 97	2009 98	2010 99	2011 100	2012 101	2013 102	2014 103	2015 104	2016 105	2017 106	2018 107
西元民國	1995 84	1996 85	1997 86	1998 87	1999 88	2000 89	2001 90	2002 91	2003 92	2004 93	2005 94	2006 95
支 / 五行	亥	子	丑	寅	卯	辰	巳	午	未	申	酉	戌
木	長生	沐浴	冠帶	臨官	帝旺	衰	病	死	墓	絕	胎	養
火	絕	胎	養	長生	沐浴	冠帶	臨官	帝旺	衰	病	死	墓
土	絕	胎	養	長生	沐浴	冠帶	臨官	帝旺	衰	病	死	墓
金	病	死	墓	絕	胎	養	長生	沐浴	冠帶	臨官	帝旺	衰
水	臨官	帝旺	衰	病	死	墓	絕	胎	養	長生	沐浴	冠帶

★由此可知,目前以木起長生的運勢會比較旺(2022年走臨官)。

十二運手法

亥、寅、巳、申→長生之起點。

木　　　→長生在亥

火、土　→長生共在寅

金　　　→長生在巳

水　　　→長生在申

例如：金卦起長生在巳，順推十二長生在左手掌盤地
　　　支上位置。其他卦：木、火土、水輪流練習。

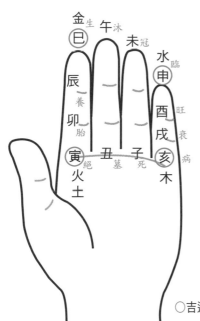

○吉運：長生、冠帶、臨官、帝旺 → 好運。（旺運）

△平運：衰、墓、胎、養 → 運不強。（平運）

╳ 凶運：沐、病、死、絕 → 弱運。（衰運）

備 註 **流年運**

1. 衰：前半年吉（旺之餘氣）
　　　後半年平（病之初氣）
2. 卦運之交換點：以每年立春日為準。

十二支

亥	戌	酉	申	未	午	巳	辰	卯	寅	丑	子	
水	土	金	金	土	火	火	土	木	木	土	水	五行
豬	狗	雞	猴	羊	馬	蛇	龍	兔	虎	牛	鼠	生肖
西北之北	西北之西	正西方	西南之西	西南之南	正南方	東南之南	東南之東	正東方	東北之東	東北之北	正北方	方位
十月	九月	八月	七月	六月	五月	四月	三月	二月	正月	十二月	十一月	月令
廿一—廿三	十九—廿一	十七—十九	十五—十七	十三—十五	十一—十三	九—十一	七—九	五—七	三—五	一—三	廿三—一	時
腎	胃	肺	大腸	脾	小腸	心	胃	肝	膽	脾	膀胱	臟腑

　　人名（第一字）與公司名（任一字）相關係論：
若缺一，則不論吉凶。

　　名片運強：十二地支──吉→更佳。

　　　　　　　　　　　　凶→十二地支影響少。

　　名片運弱：十二地支──吉→十二地支助力少。

　　　　　　　　　　　　凶→十二地支影響大。

第7節

四時方位

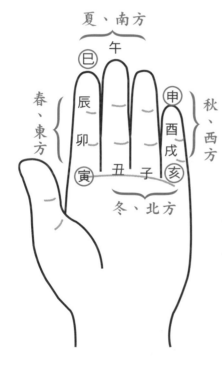

寅 →四生位	巳	申	亥	
卯 →四正位	午	酉	子	辰 戌
辰 →四庫位	未	戌	丑	丑 未
司 春 為 東 方	司 夏 為 南 方	司 秋 為 西 方	司 冬 為 北 方	司 在 每 季 最 後 一 個 月 為 四 季 土

地支六合、三合、相刑

A. 地支六合—橫對
（順利發展）

子丑

寅亥

卯戌

辰酉

×巳申 刑 不設計 寅巳申
（三刑）

午未

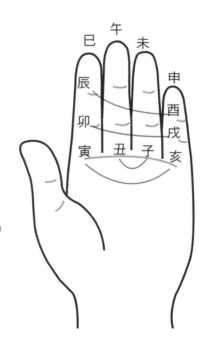

B. 地支三合──進退四位
（順利發展）

亥卯未

寅午戌

巳酉丑

申子辰

俗云：「結婚差四歲，好也。」

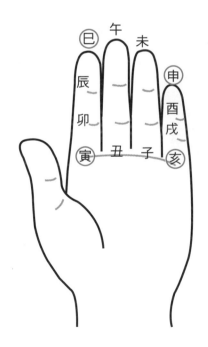

★賓士車為何會如此旺？
是因為三合的關係！

C. 地支相刑
（艱困不順）

寅巳申　三缺一合（巳申）・沖（寅申）・害（寅巳）

丑未戌　醜未來女婿沖（丑未）

子卯、卯子　夜貓子

辰辰、午午、酉酉、亥亥　晨舞有害・悶悶不樂・憂鬱

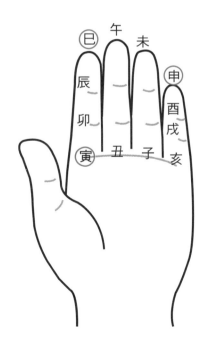

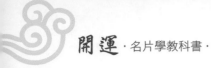
D. 地支相沖——進退六位
（壓力、不安定、阻滯、雜事多、被人連累）

子午
丑未
寅申
卯酉
辰戌
巳亥

俗云：「結婚差六歲，沖也不好。」

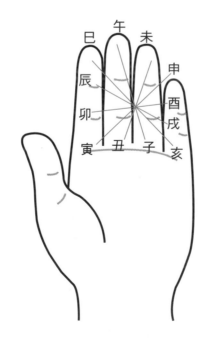

E. 地支相破
（分離）

子酉

丑辰

寅亥

卯午

巳申

未戌

不準確、不論

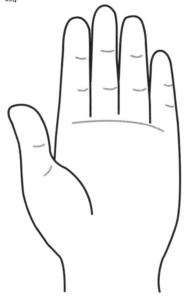

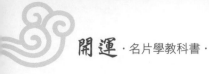

F. 地支相害——直對
　　（爭吵、爭執、意見多）

子未

丑午

寅巳　寅巳申　刑

卯辰

申亥

酉戌

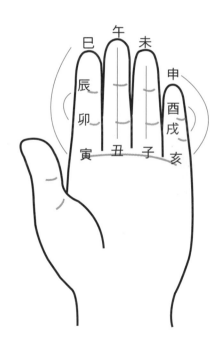

直式名片

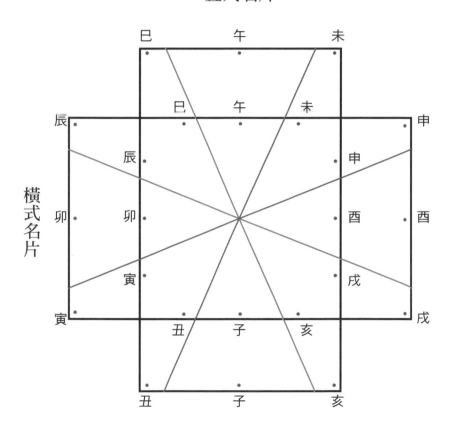

公司名及人名須注意：

1.不可切到八卦線。

2.不可互為相害、相沖、三刑、自刑。

三合（好）

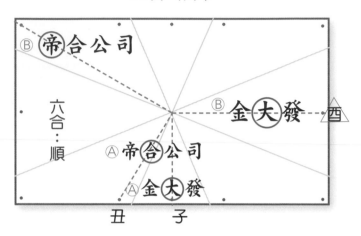

六合（順）

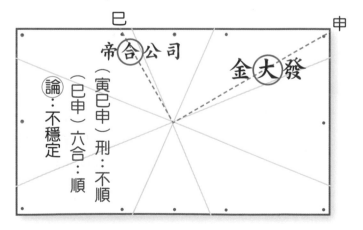

三合（好）

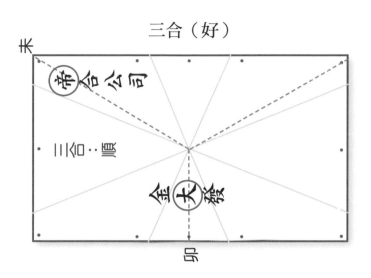

相沖（不好）

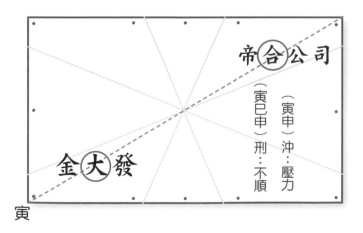

自刑（不好）

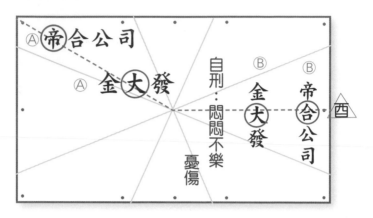

相害（不好）

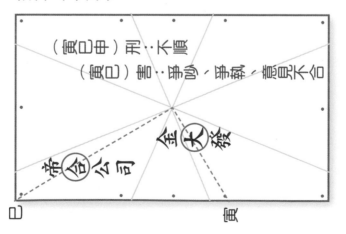

相沖（不好）

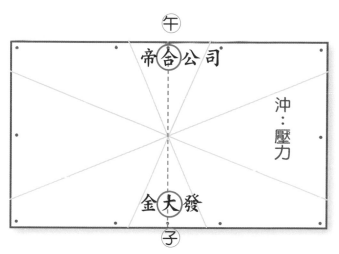

子卯相刑
子未相害（不好）
卯辰相害

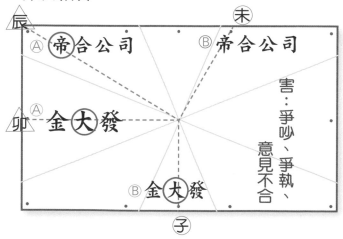

第**4**章

位置運

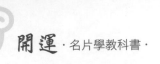
　　位置運是論工作上的個性、心態、能力。不論公
司名、人名之虛實字。以公司在卦位五行→順算至人
名在地支位（或在二地支之中）而言。

五行位置圖

此為先天八卦來定五行

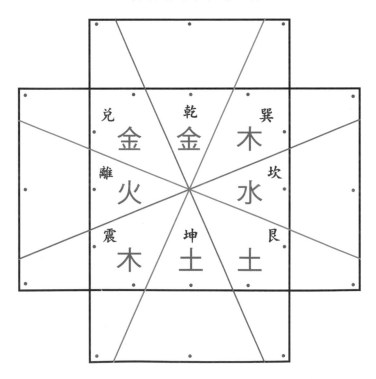

橫式、直式名片之卦五行

1. 公司：金卦
   人名：酉卦
   位置運：帝旺（能力好、勢好）

　　公司座落在金卦，所以從巳起長生，順數到人名位置（酉），剛好是巳（長生）→午（沐浴）→未（冠帶）→申（臨官）→酉（帝旺），所以判定此人（李大發）在這家公司的地位是強勢的、有能力的，且居於主導地位。

2. 公司：木卦
   人名：巳位·午位
   位置運：病（運強→多變、反應快 / 運弱→困難、多疑心）
   　　　　死（主觀強）

3. 公司：金卦（富）/木卦（貴）
   人名：卯位
   位置運：胎（智慧、計畫）/ 帝旺（能力好、運勢好）

周天六十甲子

以八字的日主空亡來論 → 不能放人名。

	甲子旬	甲戌旬	甲申旬	甲午旬	甲辰旬	甲寅旬
甲	甲子	甲戌	甲申	甲午	甲辰	甲寅
乙	乙丑	乙亥	乙酉	乙未	乙巳	乙卯
丙	丙寅	丙子	丙戌	丙申	丙午	丙辰
丁	丁卯	丁丑	丁亥	丁酉	丁未	丁巳
戊	戊辰	戊寅	戊子	戊戌	戊申	戊午
己	己巳	己卯	己丑	己亥	己酉	己未
庚	庚午	庚辰	庚寅	庚子	庚戌	庚申
辛	辛未	辛巳	辛卯	辛丑	辛亥	辛酉
壬	壬申	壬午	壬辰	壬寅	壬子	壬戌
癸	癸酉	癸未	癸巳	癸卯	癸丑	癸亥
空亡	戌亥	申酉	午未	辰巳	寅卯	子丑

天干：甲、乙、丙、丁、戊、己、庚、辛、壬、癸。
地支：子、丑、寅、卯、辰、巳、午、未、申、酉、戌、亥。
空亡：空即沒有之意，亡即消失之意，故為消失掉之意。
空亡在名片上的解釋：福分消失、無力、辛苦、阻礙、波折、困厄等含意。

個人生辰八字
（以農曆為基準）

由生年、生月、生日（不須生時），經由萬年曆查其日主，然後知人名之適當位置。

設計名片第一先查日主：

1. 看萬年曆，查日主之天干、地支。
2. 看空亡表格，知空亡地支（兩個）。

例如：癸酉日，空亡是戌亥（查表）。

丙戌日，空亡是午未（查表）。

手法例

設計名片時務必邊查看周天六十甲子表,若單以手法則容易出錯。

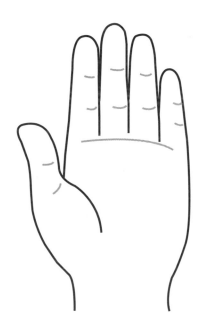

★運強＋好運名片→順利發展，如錦上添花。

★運弱＋好運名片→漸漸進展，如雪中送炭。

★諸惡莫作＋諸善奉行＋植福積德→好運力強。

★好運名片設計（30％）＋八卦正確排列
（50％）＋自信心（20％）＝好運旺旺來
（100％）

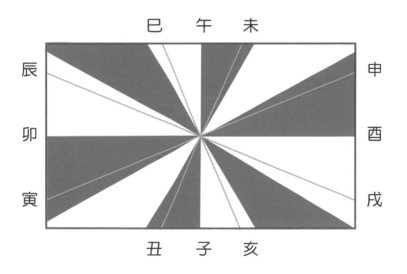

・藍色─空亡區

・白色─非空亡區

第 **5** 章

八卦

認識八卦

名片在卦位上看使用者與公司經營所發生之狀況而論。

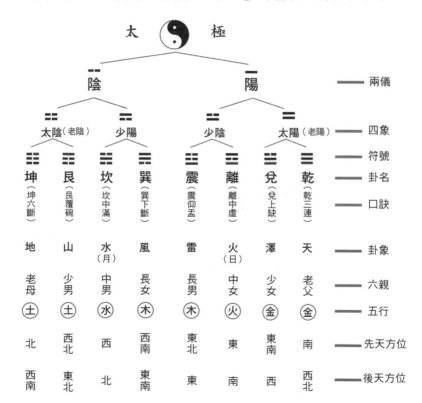

先天八卦看五行

先天八卦為宇宙萬物之體象，其含義如下：

◎乾坤為天地，居上下之位。

◎離坎為日月，居左右之方。

◎艮兌震巽為山澤雷風，居天地日月之間。

◎先天卦之五行，名片上應用論：

　1.位置運：論工作上之個性、心態、能力。

　2.流年運：論每年運勢之好壞。

◎公司本名或人名第一字，忌置二卦不同五行之間，運程不順也。

　（二卦不同五行之間，其卦線為空亡線。）

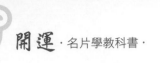

◎公司名與人名皆為實字時，論運以公司為主。

◎公司名與人名皆為虛字時，論運以公司為主。

◎公司名為虛字，人名為實字時，論運以人名為主。

◎公司名為實字，人名為虛字時，論運以公司名為主。

◎公司名或人名橫跨兩卦時，以占最多者為定位論運，但福分減之也。

先天八卦圖

實字(＋)陽字

楷書、隸書、黑體字、圓體字、明體字、仿宋體字、綜藝體字、方新字、端正的字。

虛字(－)陰字

行書體字、浪漫體字、中國龍海報體字、瑩篆、勘亭流體、少女體字、古印體字、立體字、空心體字、反白字、商標圖案、人像等都屬於虛字。

● 毛楷字、顏體字、魏碑字基本上不設定，但論實字（＋）。

開運 ·名片學教科書·

五行位置圖

直式名片

横式名片

金　金　木

火　　水

木　土　土

流年運主圖

公司名	人名	流年運主
＋	＋	公司
－	－	公司
＋	－	公司
－	＋	人名

八卦線鑑定法

人名（第一字）

在一條卦線上：操、勞碌。（只看名一）

人名（第一字）

在兩條卦線以上：操、煩。（勞碌又煩惱）

人名（第一字）

在中間的太極點上：操、煩、壓力大。

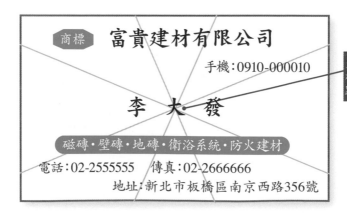

第4節

流年鑑定法之一

（金）以巳起長生

商標 **富貴建材有限公司**

高級進口原木
各式防火建材
磁磚・壁磚・地磚
衛浴系統

李大發

手機：0910-000010

電話：02-2555555　傳真：02-2666666
地址：新北市板橋區南京西路356號

流年運主（金）

111	112	113	114	115	116	117	118	119	120	121	122
99	100	101	102	103	104	105	106	107	108	109	110
87	88	89	90	91	92	93	94	95	96	97	98
寅年	卯年	辰年	巳年	午年	未年	申年	酉年	戌年	亥年	子年	丑年
絕	胎	養	生	沐	冠	臨	旺	衰	病	死	墓

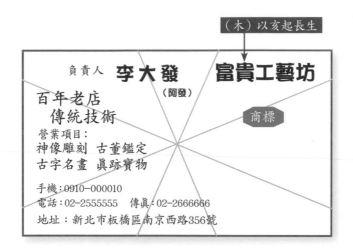

公司與人名皆為實字，則以公司所座落的五行為主運。

流年運主（木）

111	112	113	114	115	116	117	118	119	120	121	122
99	100	101	102	103	104	105	106	107	108	109	110
87	88	89	90	91	92	93	94	95	96	97	98
寅年	卯年	辰年	巳年	午年	未年	申年	酉年	戌年	亥年	子年	丑年
臨	旺	衰	病	死	墓	絕	胎	養	生	沐	冠

（木）以亥起長生

富貴公司

彩色印刷
商標設計
海報型錄
紙品包裝
完稿設計

地址：新北市板橋區
南京西路356號

商標

李大發

手機：0910-000010

電話：02-2555555
傳真：02-2666666

公司是實字，所以以公司所座落的五行為主運。

流年運主（木）

111	112	113	114	115	116	117	118	119	120	121	122
99	100	101	102	103	104	105	106	107	108	109	110
87	88	89	90	91	92	93	94	95	96	97	98
寅年	卯年	辰年	巳年	午年	未年	申年	酉年	戌年	亥年	子年	丑年
臨	旺	衰	病	死	墓	絕	胎	養	生	沐	冠

公司是虛字、人名是實字，所以，以人名所座落的五行為主運。

流年運主（火）

111	112	113	114	115	116	117	118	119	120	121	122
99	100	101	102	103	104	105	106	107	108	109	110
87	88	89	90	91	92	93	94	95	96	97	98
寅年	卯年	辰年	巳年	午年	未年	申年	酉年	戌年	亥年	子年	丑年
生	沐	冠	臨	旺	食	病	死	墓	絕	胎	養

流年鑑定法之二

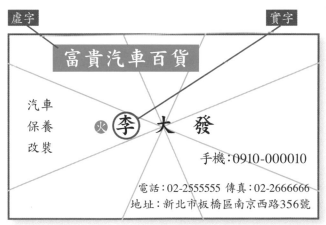

公司是虛字、人名是實字，所以，以人名所座落的五行為主運。

流年運主（火）

111	112	113	114	115	116	117	118	119	120	121	122
99	100	101	102	103	104	105	106	107	108	109	110
87	88	89	90	91	92	93	94	95	96	97	98
寅年	卯年	辰年	巳年	午年	未年	申年	酉年	戌年	亥年	子年	丑年
生	沐	冠	臨	旺	食	病	死	墓	絕	胎	養

公司是虛字、人名是實字，且人名座落在金卦及木卦之間，所以兩卦都要論，兩卦都會影響。

流年運主（木）

111	112	113	114	115	116	117	118	119	120	121	122
99	100	101	102	103	104	105	106	107	108	109	110
87	88	89	90	91	92	93	94	95	96	97	98
寅年	卯年	辰年	巳年	午年	未年	申年	酉年	戌年	亥年	子年	丑年
臨	旺	衰	病	死	墓	絕	胎	養	生	沐	冠

流年運主（金）

111	112	113	114	115	116	117	118	119	120	121	122
99	100	101	102	103	104	105	106	107	108	109	110
87	88	89	90	91	92	93	94	95	96	97	98
寅年	卯年	辰年	巳年	午年	未年	申年	酉年	戌年	亥年	子年	丑年
絕	胎	養	生	沐	冠	臨	旺	衰	病	死	墓

公司是實字、人名是虛字，以公司為主運，且公司名的「富」佔了金卦及火卦各一半，所以兩卦都要論，兩卦都會影響。

流年運主（金）

111	112	113	114	115	116	117	118	119	120	121	122
99	100	101	102	103	104	105	106	107	108	109	110
87	88	89	90	91	92	93	94	95	96	97	98
寅年	卯年	辰年	巳年	午年	未年	申年	酉年	戌年	亥年	子年	丑年
絕	胎	養	生	沐	冠	臨	旺	衰	病	死	墓

流年運主（火）

111	112	113	114	115	116	117	118	119	120	121	122
99	100	101	102	103	104	105	106	107	108	109	110
87	88	89	90	91	92	93	94	95	96	97	98
寅年	卯年	辰年	巳年	午年	未年	申年	酉年	戌年	亥年	子年	丑年
生	沐	冠	臨	旺	衰	病	死	墓	絕	胎	養

後天八卦分陰陽

★為宇宙萬物之入用。

★坎、震、巽、離為五行之水生木生火，互相生助，為陽區。

★乾、坤、艮、兌為五行之土生金，互相生助，為陰區。

★陰、陽區字體位置安排，同氣則順，不同氣則亂。

★實字：（＋）陽字，如下列字體：

楷書、隸書、黑體、圓體、明體、仿宋、綜藝體、方新體。

★虛字：（－）陰字，如下列字體：

草書、行書、浪漫體、海報字體、瑩篆、勘亭

流體、少女體、古印體,及各種字體之立體
字、空心字、反白字體。

先天八卦圖

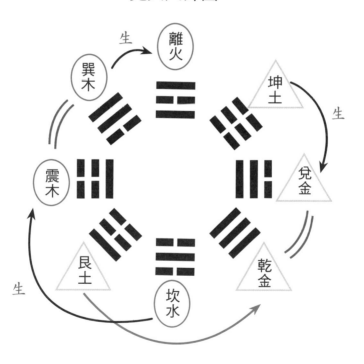

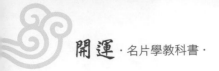

東四卦以（＋）表示：坎 震 巽 離

西四卦以（－）表示：乾 坤 艮 兌

　　設計名片時，同一卦位裡面的字必須要一致，也
就是說，東四卦是公司字、是實字，那所有東四卦裡
的字最好也都是實字；而西四卦裡是虛字，那所有西
四卦裡的字最好也都是虛字。

橫式名片

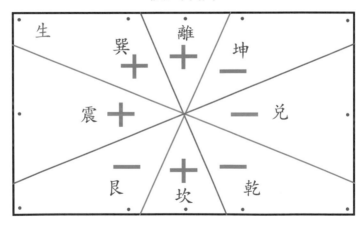

直式名片

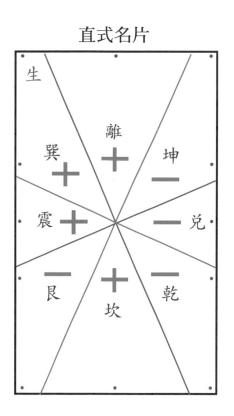

流年運主在陰陽卦區之標準名片

1. 流年運

　　論每年運勢好與壞時，要論公司名、人名之虛實字，得確認以誰為流年運主，再以流年運主在先天八卦卦位五行→順算12長生至當年年支而言。如此則可確認當年是走好運或是壞運！

96

流年運主在陽卦區：則陽卦區，皆為實字。

在陰卦區，則為虛字或無字

——大吉也。

在陰卦區，為實字，則會出

問題也。（注）

注：看他座落在哪一個卦位上，那個卦位就容易有問題。例如在
離卦位，則公司的利潤就不好，如出現在震卦位，則公司的
業務創新就比較差。

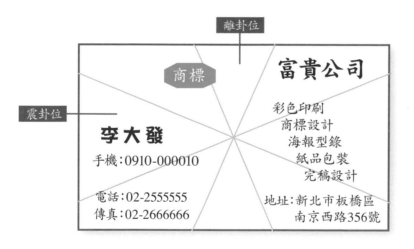

流年運主在陰卦區：則陰卦區，皆為實字。

在陽卦區，則虛字或無字

——大吉也。

在陽卦區，為實字，則會出
問題也。

備註：虛字可在陰陽卦區，無忌諱也。

2. 卦位意義

初學鑑定名片的要點：

A. 位置運

B. 流年運

C. 財庫運（兌卦及乾卦）

D. 業務運（震卦、巽卦及離卦）

E. 人事系統（坎卦及艮卦）

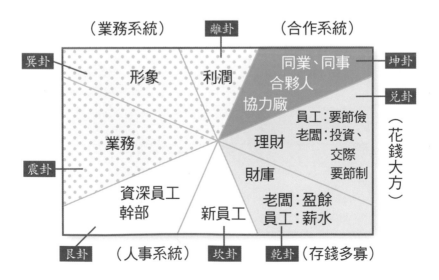

3. 注意事項

★取名字第一字的定位論之，並忌諱置太極五煞位，或是空亡位，必定會事情一大堆，而且都不專，任何事都無法放心且都要管，會造成緊張、壓力、操煩、自我主觀強、存錢辛苦、重視財利卻資本財務又不強。

★商標太大超過4平方公分以上，則有虛而不實之象，且形象提升有限，客戶對你所說的話也會大打折扣。

★名片之四周邊有框，會造成行動力弱、思想趨於保守，且會自我設限，此乃困也，事事發展到某一極限之後就無法能再有所突破，並且慢慢不順遂。大部分都是作熟客生意，生客會有但極少。

★最忌諱線條（網點線與虛點線除外），若畫在任何卦位上，必受到影響。切記，卦有傷，必有事。

★引用圖案時，若與其行業相關則順，反之必不順。

★公司名及分公司、營業處等為主,其他如:股份有限公司則不論。

★若無公司名或人名是實字,且人名置太極點以土論運,則福分減半。

★若公司名為虛字時:

1.中央戊己土,流年為土運,因有八條卦線故運會減弱也。

2.火土共長生,火為十,則土亦為十。

3.所有陽卦皆為實字,陰卦皆為無字或虛字為吉,反之,陰卦為實字必出問題也。

範例圖

商標太大（超過4平方公分以上）

公司名或人名（用字級數超過20P以上）

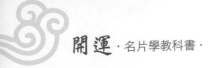
有邊框設計

最忌線條（虛線除外）

忌引用不相關行業圖案

分公司、營業處須置公司同卦

開運 ·名片學教科書·

人名頭上留1.5倍空間

人名頭上留1.5倍空間，才不會造成太大的壓力

4. 好運名片論述

★多邊經營、多元經營、事業版圖廣大、政府官員
（官能制煞故影響少一些）或四種以上關係企業、
或營業項目獨特且龐大時，人名置太極點較無忌。
　註：商業鉅子與名人皆名聲影響即官旺，能制煞故
　　　較無忌諱。

★名片上置個人相片，會有以下現象：愛面子、外強
中乾、虛而不實。
　論：注重外在或形象，也較容易犯桃花。

★有鑑於社會意識與環保觀念等形態，名片設計上最
好含有綠色為最佳，但並非絕對。

★人名頭上必須要留有人名大小之1.5倍空間，不得逼
迫，否則會產生壓力。

★名片上越清越好，如營業項目與其他內容很多時，
可置於背面而不論吉凶。
　切記：主產品不能設計為反白字。

★團體以C.I.S系統來統一設計名片，須參酌個人八字
　論之。

★公務人員之名片著重於人事升遷論之，而財務、業
　務則不注重，或不論之。

★無人名的名片應作為廣告卡片，則不論之。
　若要論的話，當以色彩為主。

★一般性：

1. 一般性名片發放，需於3個月內發放出300張才有感
　應，否則當以預估論。

2. 運強時，不好的名片則影響不大，反之，運弱時，
　不好的名片影響則大。

● 何謂不好的名片？例如：有切到八卦線、有邊框、
　尖角沖射，或是同卦位不同字體等，都叫做不好的
　名片。

3. 注意色彩搭配考量，因關係著生意的好壞、經營績
　效、規模大小。

★有三種情況下的名片則不論：五術界、宗教界、政
治選舉。

★有三種情況下則須小心論：傳銷界、保險界、C.I.S
系統統一設計名片。

第 6 章
鑑定法

鑑定順序

A. 鑑定順序

1. 先查色彩搭配，五行生剋論之。
2. 公司名與人名之十二地支相關位置論之。
3. 查看十二運之吉凶。
4. 查八卦位之狀況，如：財務、人事、業務、客戶、形象……等。
5. 說明時：口氣緩和、多說好話、壞話婉轉。

B. 位置運

　　不論公司名、人名之虛實字，以公司名在卦之五行→順算至人名地支位或二地支之間而言。

五行位置圖

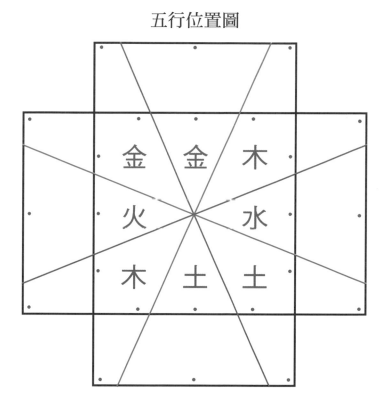

C. 流年運

　　要先看公司名、人名之虛實字求得流年運主以誰為運主，再以流年運主在八卦之五行→順算至當年年支而言。

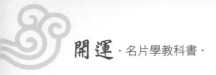

流年運主圖

公司名	人名	流年運主
＋	＋	公司
－	－	公司
＋	－	公司
－	＋	人名

D. 流年運主

1. 陰卦則陰卦區皆實

   陽卦虛或無（吉也）

   陽卦實（出問題也）

2. 陽卦則陽卦區皆實

   陰卦虛或無（吉也）

   陰卦實（出問題也）

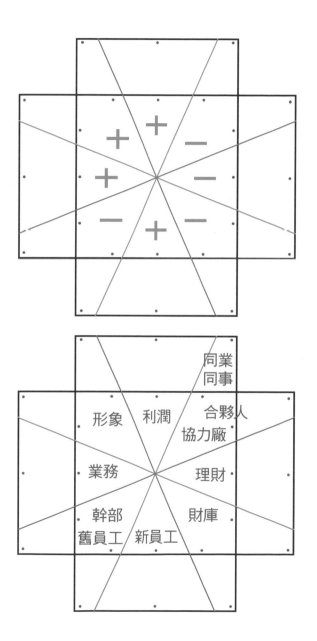

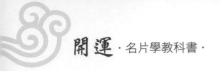

E. 流年好運

色之尅或地支刑、沖、害→若影響不大，卦位不好，則勉強可用之。

F. 流年弱運

色之尅或地支刑、沖、害→若影響大，卦位不好，則明顯不良也。

G. 鑑定重點

1. 位置運
2. 流年運
3. 財庫
4. 業務
5. 其他
6. 初學者或尚不熟者，鑑定前四項即可，亦可鑑定全部。

第 2 節

鑑定名片好壞

名片A

 富貴建材有限公司

高級進口原木
各式防火建材
磁磚・壁磚・地磚
衛浴系統

李大發

手機：0910-000010

電話：02-2555555　傳真：02-2666666
地址：新北市板橋區南京西路356號

1. 位置運：旺→能力好、氣勢強。

2. 流年運主（金）：

111	112	113	114	115	116	117	118	119	120	121	122
99	100	101	102	103	104	105	106	107	108	109	110
87	88	89	90	91	92	93	94	95	96	97	98
寅年	卯年	辰年	巳年	午年	未年	申年	酉年	戌年	亥年	子年	丑年
絕	胎	養	生	沐	冠	臨	旺	衰	病	死	墓

3. 財庫：運好→財庫旺。運弱→財全漏。

4. 業務：運好→業績好。運弱→業績普通。

5. 形象：好。

6. 利潤：運好→利潤佳。運弱→利潤普通。

7. 同業：運好→競爭普通。運弱→競爭屬害。

　　同事：運好→相處普通。運弱→相處嫉妒。

　　合夥：運好→合作普通。運弱→口角翻臉。

　　協力：運好→配合普通。運弱→配合不力。

8. 理財：老闆→投資交際要有所節制（一半不好）。

　　　　　員工→要節儉（一半不好）。

9. 新員工：運好→好管理。運弱→管理普通。

10. 幹部：運好→是好助手。運弱→能力普通。

名片B

1. 位置運：胎→智慧、計畫。

　　　　　旺→能力好、氣勢強。

2. 流年運主（火）：

111	112	113	114	115	116	117	118	119	120	121	122
99	100	101	102	103	104	105	106	107	108	109	110
87	88	89	90	91	92	93	94	95	96	97	98
寅年	卯年	辰年	巳年	午年	未年	申年	酉年	戌年	亥年	子年
生	沐	冠	臨	旺	衰	病	死	墓	絕	胎	養

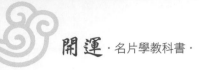

3. 財庫：一半財庫。

4. 業務：運好→業績好。運弱→業績普通。

5. 形象：運好→形象好。運弱→形象普通。

6. 利潤：運好→普通。運弱→薄。

7. 同業：運好→很好。運弱→普通。

　　同事：運好→很好。運弱→普通。

　　合夥：運好→很好。運弱→普通。

　　協力：運好→很好。運弱→普通。

8. 理財：老闆→投資交際要有所節制（一半不好）。
　　　　員工→要節儉（一半不好）。

9. 新員工：運好→很好管理。運弱→普通。

10. 幹部：運好→助力普通。運弱→一半較無力。

如何設計好運名片

A. 設計參考

　　名片設計之書籍、美工圖書或字、報章雜誌、廣告圖案、收集他人名片。

B. 設計工具

　　小鐵尺、自動鉛筆、美工刀、毛筆、各種色筆、描圖紙設計稿（可製作鑑定名片）。

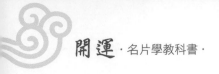
C. 電腦打字

1. 字的級數、長度。

2. 字體變化：長、平、斜體運用。

3. 公司最大字以20級為限。

   營業項目最大字以14級為限。

   人名最大字以20級為限。

   地址最大字以10級為限。

   聯絡電話、行動電話最大字以10級為限。

   其他字以整體美感為準則。

參考例圖

國 方正字　標準字

國 拉長字 長（10% 20% ╳ 30%）1. 2. 3.

國 扁平字 平（10% 20% ╳ 30%）1. 2. 3.

右斜 **國**（斜體右傾）

× × × ×
10% 20% 30% 40%
斜 1. 2. 3. 4

左斜 **國**（斜體左傾）

（不設計，因運減弱）

英文 *TEL FAX*
數字 *12345*
｝斜

| 10% 20% |
| 1. 2. |
| + |

| 30% 40% |
| 3. 4 |
| ー |

中文	斜 1・2	斜 3・4
鑑定	+	ー
設計	×	×

1 2 3 4 5

英文 數字	斜 1・2	斜 3・4
鑑定	+	ー
設計	×	ー

4. 商標、廣告圖縮小比例設計法

　　商標：可縮小或等比例放大

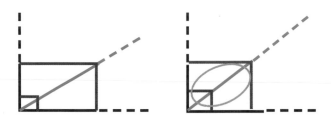

比例放大例：

商標照原稿縮小1.5×1.9公分，不得超過4平方公分。

5. 設計原則

a. 公司名、人名之虛實字體運用要正確。

b. 流年十二運（參考先天卦五行）。

c. 陰陽卦區（參考後天卦五行）。

d. 公司名、人名的十二地支之刑、沖、害、合。

e. 人名八字空亡位置。

f. 五行五色之配色。

g. 名片背面印英文，則與正面卦區相同。

6. 字體對應級數參考表

人名 16～20級	（＋）①③⑤⑦⑨⑪⑮ （－）②④⑥⑧⑩⑫⑭⑯
公司名 14～20級	（＋）①③⑤⑦⑨⑪⑬⑮ （－）②④⑥⑧⑩⑫⑭⑯－⑳
營業項目 10～14級	（＋）①③⑤⑦⑨⑪－⑮ （－）②④⑥⑧－⑫⑭－⑳
地址 9～10級	（＋）①③⑤⑦⑨⑪－⑮ （－）②④⑥⑧－⑫⑭－⑳
電話 8～10級	（＋）①③⑤⑦⑨⑪⑬⑮ （－）②－⑩⑫⑭⑯⑱⑳・㉒～㊹
英文	㊻～(68)

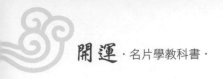

商標比例縮小設計法

1. 商標照原稿縮小至1.5×1.9公分

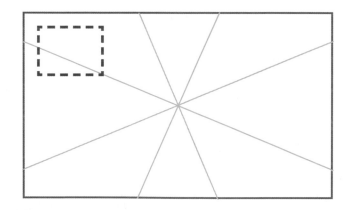

2. 有邊框的商標

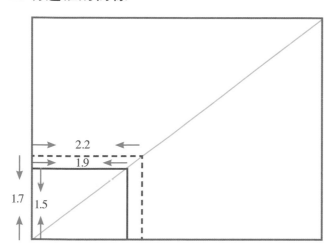

選擇：a.1.5×1.9＝2.85平方公分
　　　b.1.7×2.2＝3.74平方公分
　　　c.1.5×2.6＝3.90平方公分

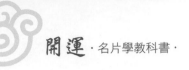

3. 商標照原稿縮小至1.5×1.9公分

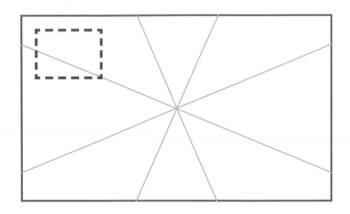

4. 無邊框之商標

選擇：a.1.5×1.9＝2.85平方公分

b.1.7×2.2＝3.74平方公分

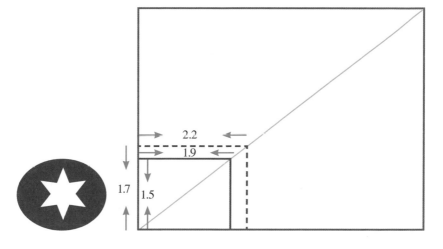

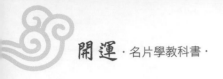

設計要領

一、定卦法（請加運用八卦草稿）

　　如：A—木卦運，則人名或公司名在木卦區，且

　　　　為「十」字。

　　B—火卦運

　　C—土卦運

　　D—金卦運

　　E—水卦運

二、人名避開「空亡」，公司名則與「空亡」無關。

三、樣張名片字體皆為「實」字。

　　設計如下之原則，如：

　　木卦名片樣張，知木卦為陰卦區，故四個陰卦區皆

　　為實字，四個陽卦區皆為「虛」字或「無」字。
　　備註：陽卦區，有「虛」字、有「圖像」可也。

四、人名近空亡線或卦線及其他（公司名及在卦區的＋
　　字）於陰陽卦線要留0.2公分空間設計，預防印刷
　　裁紙之偏差（同卦區＋字在卦線上，無忌諱也）。

五、設計變化、字體變化、五行色變化、人名變化、
　　公司名變化反白字設計……等，請參考八卦草
　　稿。

六、紙質一律採用白色底、平面紙。亮膜或霧膜要
　　否？要標示於設計稿。

七、設計稿上的標示，套用字體名稱、標五行色用色
　　筆，若為黑色則標黑色可也。

八、設計稿一律委任給各地專業設計人士，字樣與印
　　刷才會正確，千萬要避免「字」走卦或其他錯誤
　　發生。

第7章
點八卦

點八卦手法

1. 淨身，用陰陽水（陰是冷水，陽是沸水）洗澡或擦拭臉、身體、手腳，在神明廳或大廳點八卦。忌諱在臥室內，若是套房則必須用屏風遮蔽床，或隔開也可。

2. 桌上置放檀香爐點燃，名片、護貝膜、雙手等均在檀香爐上過火。

3. 在名片的背面點八卦，不與人言和被人看見，全程須全神貫注：

   a. 深呼吸，要慢長不急促。

   b. 靜坐片刻。

   c. 唸經持咒或恭唸佛號。

4. 無名指在中指之後，食指壓在無名指端，拇指壓在小指端。（此為金剛指）

5. 中指獨立點八卦：

　　a.中指哈氣（啟動也）後，沾「天龍正氣金剛砂」
　　　點之，如法共點八下：

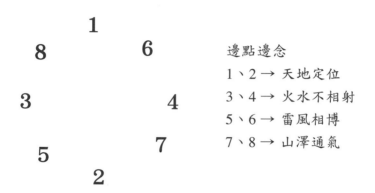

　　b.略成圓形。

　　c.各點之間要有間隔，切勿連在一起。

　　d.點八卦要圓點最佳。

　　e.一氣呵成點八卦，不可中途停頓。若掉落地上
　　　或點得不好看，必須重新再點。

6. 點完八卦後，將吸氣手法放開。如前法可點多張名
　　片。（中指擦拭乾淨，且過火後重新進行）

7. 待點砂自然乾之後，將其護貝，再過火。

8. 如前「金剛指法」，中指「哈氣」後再彎曲，須先

蓋名片的「背面八卦中心處」，哈氣後再蓋「正面
中心處」。

9.「吸氣手法」放開，即大功完成。

　　a.蓋「金剛指印」時，聲音蓋得越大越好。

　　b.名片過火時，先以「正面」逆轉三圈過火後，再
　　　翻過「背面」逆轉三圈過火之。

　　c.點完之後，「正面」再順轉三圈，再翻過「背
　　　面」順轉三圈。

A. 禁忌

以下10點為「不可進行點八卦儀式」者：

1.點八卦儀式時，不喝酒、不吸菸、不嚼檳榔（要刷
　牙）。

2.夫妻（或伴侶）行房二十四小時內，不可。

3.女性生理期間，不可。

4.坐月子婦女，不可。

5.參與喪事（捻香、祭墳）者，不可。家中服喪者，
　需等百日後或對年後。

6.生病者。

7. 二十四小時間出入醫院，或殯儀館、葬儀社。

8. 不可穿睡衣褲。

9. 情緒不穩定者。

10. 無法集中精神者、運弱者。

B. 效力減弱因素

1. 心術不正及批評師門、師兄弟者。

2. 缺乏正氣者。

3. 印刷錯誤。點八卦之前務必先校正印刷無誤，若有錯誤則不可點之。

4. 設計錯誤。學術不精者，請勿為人鑑定、設計。

5. 點八卦手法錯誤。

6. 運勢正走下坡時。

7. 酒色財氣者。

8. 點八卦名片被他人觸摸。

9. 缺德者。

10. 不正當事業者或夕陽產業。

註：7～10點是特別針對客戶而論。

C. 重點提要

1. 五行五色——由下往上生大。

2. 十二地支——設計上無六合、三合，只重卦運吉，但忌：刑、沖、害。

3. 空亡——務必查看三遍以上，正（閏）月空亡有二組。

4. 鑑定時要非常確實，不可欺騙或威嚇，更不可胡言亂語。

5. 設計時務必依照字體級數，標示正確。

6. 卦線、地支線可有2公釐彈性範圍。

7. 名片須整盒過火、清淨。

8. 務必注意形煞問題。

金卦樣張設計解說

1. 人名要避開「空亡」，公司名則與「空亡」無關。
2. 樣張字體皆為「｜」字設計時，如下原則：

   金卦為陽卦

   故陽卦區皆為「＋」字。

   陰卦區皆為「一」字或置放「圖像」。

點八卦時間參考圖

喜：生，冠，臨，旺。										可點八卦	
忌：沐，病，死，絕。										不可點八卦	

寅	卯	辰	巳	午	未	申	酉	戌	亥	子	丑
絕	胎	養	生	沐	冠	臨	旺	衰	病	死	墓
03:00~05:00	05:00~07:00	07:00~09:00	09:00~11:00	11:00~13:00	13:00~15:00	15:00~17:00	17:00~19:00	19:00~21:00	21:00~23:00	23:00~01:00	01:00~03:00
×	△	△	○	×	○	○	○	△	×	×	△

形煞

1. 尖煞

指商標、圖案的尖銳處。

2. 圖案煞

a. 車煞：車頭沖人名、公司名。

　車身壓人名、公司名。

b. 屋壓人名、公司名。

c. 其他物品、圖案壓人名、公司名。

d. 雲中或雲壓人名、公司名。

e. 花中、海中、湖中、漩渦中；或邊有人名、公司名。

f. 兩圖案形夾人名、公司名。

g. 太陽下、山下有人名、公司名。

3. 紙質煞

a. 雜紋煞。

b. 布紋煞。

c. 凹凸紙煞。

d. 橫條紋煞。

e. 小斑點煞。

f. 木材紋煞。

g. 大理石紋煞。

4. 綜合煞

a. 鋼印。

b. 凸字。

c. 邊齒。

d. 截角。

e. 神佛像。

f. 折疊煞。

g. 自粘商標。

h. 蓋印鑑定。

i. 簽人名做版。

j. 電腦噴墨名片。

k. 人像在太極點。

l. 會褪色之名片。

m.打洞或釘書機之洞。

n. 公司名小字且很多個。

o. 蓋人名章、書寫人名。

p. 印刷或燙金模糊不清。

q. 人名或公司名被橫直線條穿過。

r. 商標或太極圖、宗教法輪置太極點上。

s. 商標：相同而一大一小，且一明一暗。

t. 人名（第一字）、公司名（任一字）在太極點上。

作者簡介 **何榮柱**

經歷

大陸東方易學文化研究院　首席顧問

大陸中國建築風水研究院　首席顧問

十全轉運姓名學派創始人及專利獲獎人

FM89.7淡水河電台「姓名學命運大不同」節目主講人

FM99.3新聲廣播電台「姓名學命運大不同」節目主講人

台灣藝術台命運轉轉轉專任命理老師暨講師

如觀堂風水命理研究中心負責人

中國南京國學院註冊環境文化風水副高級評估師

新竹市中華風水命相學會名譽理事長

新竹市立文化中心特邀姓名學講師

新竹市風城百貨特聘姓名學義相老師

新竹市淨心服務協會常務理事

國泰人壽姓名學講師

馬來西亞（檳城）特邀命理老師專題演講

中國河洛理數易經學會姓名學顧問

二〇一一中國當代命名策畫名師

二〇一二中國十大地理風水名師

※著作：《風水學教科書》、《八字學教科書》、《姓
　名學教科書》、《八字數字學教科書》、《轉運神通
　寶典（簡體版）》、《超級神算（簡體版）》

服務項目

一、 陰陽宅風水鑑定

二、八字論命

三、男女合婚

四、嬰兒命名、成人改名、公司行號命名

五、手面相鑑定

六、卜卦、測字、梅花易數

十、一般擇日、天星擇日（星座、占星）

八、 姓名學、八字學、風水學、手面相學、開運名片學
　　、轉運學、陰盤‧陽盤奇門遁甲學、傳授招生執業

九、開運名片設計

十、（陰盤及陽盤）奇門遁甲轉運風水調理

住　　　址：新竹市北區士林一街12號

預約電話：03-5331186～7 行動電話：0910159842

姓名學網站：www.66666tw.com

E-mail：goldenhomarst@gmail.com

通訊服務：請先電話詢問詳情以免有誤

現金袋寄掛號信至上述地址

書寫正確生辰八字、姓名、性別、地址、電話

姓名學 教科書

人為何要有姓？而名字又是從何而來呢？

你在農民曆上看到八十一劃之吉凶靈動數，
這些數理的吉凶又是誰發明的呢？其準確度又是如何？
你的姓名又為何能掌控你的命運？

命理大師何榮柱說：
命理的研究是無窮無盡的，更不能歸類於哪一種學術才是正宗的五術。
而「存在」就是合理，
問題是如何從合理中找出個中的精華所在！

作者每年看超過三千個的姓名，累積其二十年來的經驗，
將各門各派分門別類加以分析、整理成十大派別，
並深入探討以供讀者們參考與研究。

姓名學十大派別

1. 八字派　　4. 五格派　　7. 筆劃派（太乙派）　　10. 十長生
2. 生肖派　　5. 六神沖剋　　8. 天運派
3. 格局派　　6. 九宮流年　　9. 三才派

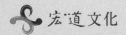
宏道文化

特別增編形家派姓名學

何榮柱 —— 編著

姓名學

教科書

暢銷五版

最完整‧最實用‧
最清晰的姓名學，
給你一個人生的道路指引！

姓名學大師何榮柱，
以其鑽研姓名學二十餘年的實務經驗，
精闢解析十一大派別之精華，
帶你一窺姓名學之堂奧。

命理大師 **何榮柱** 著
定價680元

八字學教科書

知「先天命」，掌握「後天運」！

八字學大師何榮柱以其將近三十年研究與實務經驗，
精闢解析個人生命基礎密碼，推算性格所呈現的人生方向。

八字學大師何榮柱說：
可以將八字比擬成身體，
身體乃由各種組織、器官所構成，當組織、器官運作不良時，
身體就會產生不同症狀，因此必須要查明發生的原因，
採取相對應的「用神」治療，對八字產生正向的影響，
才可以減輕、消除症狀。

人的命運是可知、可預測的，
八字學大師何榮柱以其將近三十年研究與實務經驗，
告訴你如何以出生時間來預測命運的運動方向，開創人生新格局！

宏道文化

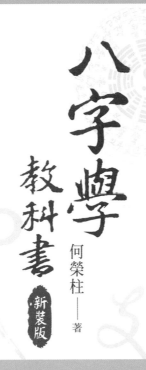

八字學教科書

何榮柱——著

·新裝版

知「先天命」，掌握「後天運」！

八字學大師何榮柱

以其逾三十年研究與實務經驗，

精闢解析個人生命基礎密碼，推算性格所呈現的人生方向。

命理大師 **何榮柱** 著

定價420元

國家圖書館出版品預行編目 (CIP) 資料

開運名片學教科書 / 何榮柱著 . -- 初版 .
-- 新北市：宏道文化事業有限公司出版：
雅書堂文化事業有限公司發行, 2022.04
160 面；21×15 公分 . -- (知命館；5)
ISBN 978-986-7232-91-5(精裝)

1.CST: 改運法

295.7   111001198

【知命館】05

開運名片學教科書

作　　者／何榮柱

出 版 者／宏道文化事業有限公司
發 行 者／雅書堂文化事業有限公司
郵政劃撥帳號／ 19934714
戶　　名／宏道文化事業有限公司
地　　址／新北市板橋區板新路 206 號 3 樓
電子信箱／ sv@elegantbooks.com.tw
電　　話／ 02-8952-4078
傳　　真／ 02-8952-4084

．．．

初版一刷 2022 年 4 月

．．．

定價 450 元